AF317234

UN MOT

SUR

L'ÉMANCIPATION DE L'ESCLAVAGE,

ET SUR

LE COMMERCE MARITIME DE LA FRANCE,

EN RÉPONSE

A M. LE DUC DE BROGLIE, AU PROJET DU GOUVERNEMENT ET AU
RAPPORT DE M. MÉRILHOU, A LA CHAMBRE DES PAIRS,

PAR LE CAPITAINE

Gal LAFOND DE LURCY.

Imprimerie DONDEY-DUPRÉ, rue Saint-Louis, 45, au Marais

Messieurs les Pairs,

Un des hommes les plus éminents de la France a fait sur l'émancipation de la race noire, dans nos colonies, un travail savant et consciencieux.

Le gouvernement vous a ensuite présenté un projet de loi qui avait pour but de préparer les esclaves à leur émancipation ; mais votre commission, par l'organe de son savant rapporteur, a pensé devoir vous proposer un contre-projet.

Dans l'espoir d'apporter quelque lumière sur cette intéressante question, je viens, Messieurs les Pairs, vous soumettre les observations que m'a suggérées une expérience acquise pendant quinze ans de voyages autour du monde, et par conséquent dans tous les pays où l'esclavage a existé et existe encore.

Je m'estimerai heureux si je peux aussi, moi, simple voyageur, contribuer aux progrès de cette grande mesure par mes modestes travaux.

Agréez, Messieurs les Pairs, l'assurance de la haute considération avec laquelle je suis.

Votre très-humble serviteur,

Gᵉˡ Lafond de Lurcy.

UN MOT

SUR

L'EMANCIPATION DE L'ESCLAVAGE

ET SUR

LE COMMERCE MARITIME DE LA FRANCE.

———

Supprimée officiellement dans nos colonies depuis 1814, la traite des noirs ne l'est en réalité que depuis 1830, et elle se fait encore d'une manière très-active dans toutes les colonies espagnoles. A son passage à Zanzibar, notre voyageur eut l'occasion de voir des bâtiments armés pour la traite, et d'interroger des nègres récemment débarqués d'Afrique ; nous ne croyons donc pas nous écarter de notre sujet en consacrant quelques pages à tout ce qui a trait à cette grande question de l'émancipation des esclaves, question sur laquelle on a, en Europe et surtout en France, les idées les plus fausses.

Et, disons-le tout d'abord, loin de nous l'idée de nous ranger à l'avis du conseil colonial de Bourbon, qui ne considère pas seulement l'esclavage comme un bienfait relatif dans un état de transition, mais encore comme un bienfait absolu dans un état de choses perpétuel. A ses yeux, la condition de l'esclave est moralement supérieure et matériellement préférable à celle du travailleur libre ; il serait absurde et odieux de l'en priver. Le conseil colonial de Bourbon regarde l'esclavage comme le grand instrument, l'instrument providentiel et permanent de la civilisation. Selon lui, on ne pourrait sans fouler aux pieds les droits des colonies, supprimer l'esclavage, même en indemnisant les colons, même en garantissant efficacement le maintien du travail.

Tous ces raisonnements pèchent par la base, et les conseils coloniaux sont trop intéressés dans cette question pour pouvoir la traiter en juges compétents. Alléguer, en effet, pour autoriser la perpétuité de l'esclavage colonial, que les noirs enlevés par la traite étaient déjà esclaves en Afrique; qu'en les achetant, les Européens ne leur ont fait aucun tort; que leur sort s'est même amélioré entre les mains des blancs; que ce sont, en un mot, des étrangers admis dans la société européenne à certaines conditions, et qui n'ont rien à réclamer de plus; voilà des propositions également inadmissibles de fait et de droit.

Certainement l'esclavage, quelles qu'en puissent être l'origine, la nature et la durée, est un état légal, aussi long-temps que la loi l'autorise, et dans les lieux où elle l'autorise; mais il n'en est pas moins vrai que c'est un état violent, né d'un premier abus de pouvoir, et qui ne peut être légitimement maintenu dès qu'il peut être raisonnablement aboli. On a souvent opposé aux mesures d'émancipation l'exemple de Saint-Domingue, et il est assez probable que l'émancipation aurait pour nos colonies un pareil résultat.

Les événements de Saint-Domingue, en effet, ont été en quelque sorte le retentissement, le contre-coup des scènes qui épouvantèrent la France en 1793; il faut les attribuer bien moins aux noirs qu'aux partis qui leur ont mis les armes à la main; il faut les attribuer surtout à l'Angleterre, qui, voulant détruire le commerce de la France, faisait passer aux noirs révoltés des armes et des munitions, manœuvres dont elle n'a jamais perdu l'habitude et qui lui ont toujours réussi, soit dans les colonies espagnoles, soit dans l'Inde, où elle pousse les populations à se déchirer mutuellement afin de les rendre tributaires de son industrie.

Depuis huit ans, ou, pour parler plus exactement, depuis 1834, l'émancipation est prononcée dans les colonies à esclaves de la Grande-Bretagne, et la manière dont elle s'y est accomplie mérite d'être étudiée. Les colonies anglaises sont au nombre de dix-neuf. Elles contiennent environ 800,000 noirs, tandis que la France n'en possède que 250,000 à peu près dans ses quatre colonies à esclaves. Eh bien, cet événement, si formidable au premier aspect, cet appel de près de 800,000 esclaves à la liberté, le même jour, à la même heure, n'a pas causé, en huit ans, dans les colonies anglaises, la dixième partie des troubles que suscite d'ordinaire, chez les nations les plus civilisées de l'Europe, la moindre question politique qui agite tant soit peu les esprits. Mais il n'en est pas moins vrai que l'émancipation a porté un coup funeste aux intérêts des propriétaires fonciers, et que leur ruine est imminente, malgré l'énorme indemnité qu'ils ont reçue.

Indépendamment de ces considérations purement morales, il en est d'autres non moins pressantes qui demandent l'affranchissement des esclaves dans nos colonies; et ce que la justice commande, la politique le conseille aussi.

En effet, si la France n'est pas la première des puissances maritimes, elle est du moins la seconde en Europe; et il lui importe beaucoup d'avoir, en temps de guerre, dans les mers que parcourent ses escadres, des lieux de relâche bien fortifiés, où ses navires puissent trouver un abri contre les tempêtes, et au besoin un appui contre des forces supérieures. Sans points militaires, nos stations, nos croisières seraient à chaque instant compromises. Or, quels sont les points possédés par la France qui soient assez importants pour abriter et protéger des flottes?

Situés, les uns à l'entrée du golfe des Antilles, les autres sur les côtes de l'Afrique, de l'Amérique ou dans l'Inde, peuvent-ils nous servir tous à ravitailler nos navires?

Le plus beau port des Antilles est, sans contredit, la baie du Fort-Royal, à la Martinique, et des flottes nombreuses peuvent y mouiller en tout temps sans danger. Peu de ports sont à la fois plus beaux, plus sûrs et plus commodes que celui de la Pointe-à-Pitre. Ces deux ports sont des points vraiment militaires ; mais Saint-Louis du Sénégal est situé sur les bords d'une rivière obstruée par une barre que l'on ne peut franchir qu'avec un bon vent et qu'il est facile de bloquer. Gorée est un village sans résistance qui a une rade foraine. Bourbon n'est point un port de refuge, et si la France s'est emparée de Mayotte, c'est qu'elle a senti les besoins d'un point militaire où elle pût créer des chantiers maritimes entre l'Afrique et Madagascar. A Madagascar, du reste, il est une baie dont nous aurions dû depuis longtemps nous assurer la possession ; je veux parler de la baie de Diego Suarez. Pondichéry, sans port, et situé au milieu des possessions anglaises, ne résisterait pas aux forces de la Compagnie. Chandernagor, placé au-dessus de Calcutta sur l'Ougly, ne peut être d'aucune utilité. Ces deux dernières colonies n'ont point d'esclaves.

Pour que nos colonies des Antilles demeurent en temps de guerre à la hauteur du rôle que leur assigne leur position géographique, il ne suffit pas d'en fortifier les dehors ; il faut avant tout les pacifier au dedans : maintenir désormais l'esclavage, c'est risquer de les livrer à l'ennemi. Aujourd'hui que l'esclavage est aboli dans toutes les colonies adjacentes, il n'est pas douteux que le premier coup de canon d'une guerre avec l'Angleterre ne soit un appel au soulèvement de la population esclave à la Martinique, à la Guadeloupe, à la Guiane et à Bour-

bon. Selon nous, dans l'hypothèse d'une guerre avec l'Angleterre, il arriverait inévitablement de deux choses l'une : ou les
colonies seraient perdues pour la France; car il deviendrait impossible de contenir une population esclave, double, triple,
quadruple de la population libre, et de repousser en même
temps l'ennemi; ou il faudrait alors que le gouvernement français se hâtât de prendre l'initiative, et affranchit lui-même la
population esclave, après avoir pris des mesures analogues à
celles que nous allons indiquer. Mais, en laissant de côté l'hypothèse d'une guerre avec l'Angleterre, et en ne considérant
les colonies françaises exclusivement qu'à titre d'établissements
commerciaux, il s'agit de s'assurer si elles jouissent de la sécurité qui est leur premier élément de succès.

Jusqu'ici les dispositions des noirs n'ont rien de très-alarmant.
Ils ne se montrent ni trop impatients ni trop exigeants; ils sont
encore faciles à contenir et à contenter. Le témoignage des
magistrats, les proclamations des gouverneurs nous prouvent
qu'il y a dans les colonies, comme partout et plus que partout
ailleurs, des instigateurs de désordre, des hommes toujours
prêts à exploiter, au profit de leurs intérêts ou de leurs passions,
les dangers d'une situation critique et précaire. Mais ce n'est
pas là que se trouve le plus grand danger; il est dans la facilité de pousser les noirs, sinon à la révolte, du moins à cette
résistance passive, à cette fainéantise qui tarit la production
dans sa source, et qu'il devient de plus en plus difficile de maî-
triser.

Un danger d'une autre espèce menace encore nos colonies
des Antilles; je veux parler de la facilité des évasions; car les
noirs sont en position de se soustraire d'un moment à l'autre à
l'obligation du travail gratuit. Il suffit, pour s'en convaincre,
de jeter les yeux sur une carte des Antilles. La Martinique, en

effet, n'est qu'à huit lieues de Sainte-Lucie et à douze de la Dominique. Onze lieues seulement séparent cette dernière de la Guadeloupe, qui n'est qu'à huit lieues d'Antigoa. Pour Bourbon, qui est à trente-cinq lieues de Maurice, les évasions sont beaucoup moins à craindre, car cette île ne possède aucun port, aucune crique où les noirs puissent cacher leurs embarcations. Les vents s'opposent aussi aux évasions, qui ne pourraient s'effectuer que dans des embarcations pontées et non dans de simples pirogues.

Si l'on en croit les dernières nouvelles reçues de nos colonies, les évasions, que l'on n'a jamais complétement empêchées, sont devenues plus fréquentes, et tout fait présager qu'elles le deviendront de plus en plus. En effet, indépendamment d'une liberté complète, les noirs de nos colonies sont certains de trouver, en mettant le pied sur le sol anglais, une condition telle que jamais population laborieuse n'en a peut-être trouvé de semblable.

D'après des documents officiels, il résulte qu'à Antigoa, colonie anglaise, où le travail est le plus mal payé, les noirs reçoivent d'abord une case, un jardin, un terrain qu'ils cultivent pour leur propre compte. De plus, en cas de maladies ou d'infirmités, les soins médicaux leur sont assurés; et ils jouissent du droit d'élever, sur la propriété de celui qui les emploie, toutes sortes d'animaux domestiques. Leur travail leur est payé à raison de deux schellings (environ un franc trente-cinq centimes) par journée, monnaie coloniale. Le travail extraordinaire leur est payé en sus, à raison d'un denier et demi par heure. Le taux des salaires augmente du reste d'année en année. A la Jamaïque, le prix de la journée peut être porté de deux à trois schellings et demi (un peu plus de quatre francs).

A la Trinité, le travail est payé à raison d'un dollar la journée, environ cinq francs, sans compter tout ce que les noirs reçoivent d'ailleurs ; et à la Guiane, un homme laborieux peut gagner jusqu'à sept schellings (entre huit et neuf francs) par jour.

« Indépendamment de leur salaire, dit M. de Warren, nous leur accordons une case, un jardin, et le traitement médical en cas de maladie. Nous fournissons de l'eau sucrée et du punch aux femmes et aux enfants qui sont au travail. Nous allouons la nourriture en nature ou un supplément en argent à tous les ouvriers employés aux travaux intérieurs de la sucrerie, et deux drachmes de rhum par jour à ceux qui portent les cannes aux moulins. Sur plusieurs habitations, les noirs jouissent en outre du privilége d'élever des animaux domestiques et particulièrement des cochons. »

En vérité, voilà un tableau qui nous paraît emprunté à l'âge d'or ; sans suspecter en rien la bonne foi de M. de Warren, disons que beaucoup de nos ouvriers s'estimeraient heureux d'être des esclaves à de pareilles conditions !....

Tout ceci, d'ailleurs, tend à prouver la ruine prochaine des colonies anglaises. En effet, la rareté des bras, voilà la cause, la cause unique de cette énormité de salaires, de ces avantages inouïs assurés chez elles à la population noire. C'est la lutte engagée entre la paresse des noirs et le besoin impérieux que les propriétaires ont de leur travail. Les colonies anglaises demandent des bras ; elles en demandent à grands cris : qu'on juge, en présence de tels faits, comment seront accueillis par elles les évadés de nos colonies !

L'esprit de spéculation, cet esprit envahisseur qui distingue les Anglais, ne reculera devant aucun moyen pour appeler les noirs de nos colonies dans les colonies adjacentes ; il les attirera à prix d'argent, et leur fournira tout ce qui sera nécessaire pour favoriser leur évasion. Quoi de plus simple et de plus facile que de faire des colonies anglaises qui touchent aux nôtres, des entrepôts de noirs évadés, et de les prendre là pour les transporter partout où besoin sera? et ceci n'est déjà plus une appréhension, mais bien un fait en pleine voie d'exécution. Ce genre de spéculation est de nature à s'étendre de jour en jour, à gagner de proche en proche. On ne saurait s'imaginer à quelles manœuvres ces recruteurs en fait de travail, ces trafiquants d'hommes, se livrent pour provoquer la désertion des noirs. C'est là un mal réel, il faut l'avouer; un mal qu'on ne peut empêcher, qui tend à l'affaiblissement graduel des ateliers, et qui ajoute sans cesse à l'anxiété des colons français et espagnols.

Les Anglais en sont donc arrivés à ce point que, plus on fera la traite, plus ils auront de chance d'introduire des bras dans leurs colonies. Nos voisins, comme on voit, savent profiter de tout : ce n'est pas d'aujourd'hui que nous le savons.

Désormais, pour tirer parti des noirs, il faut les exciter au travail; pour les retenir dans les ateliers, il faut leur offrir des espérances certaines. On n'ignore pas que nos colonies font du sucre à peu près exclusivement comme toutes les colonies; elles tirent de la métropole la plupart des choses qu'elles consomment, et l'étranger leur fournit ce que la métropole ne produit pas. Pour elles-mêmes, elles ne cultivent que les produits nécessaires à la vie animale, et ne fabriquent que des objets grossiers et de peu de valeur. Quant à la culture des denrées tropicales, autres que le sucre, elle est en pleine décadence, excepté pourtant à Bourbon, et ne figure plus que pour mémoire. La plupart de nos établissements coloniaux ne peuvent donc exister à l'avenir que comme manufactures de sucre, et à ce titre ils rencontrent sur le marché du monde en général, et sur celui de la métropole en particulier, de redoutables concurrents. C'est précisément pour cela que nous désirons pour nous une plus grande liberté de commerce avec les pays étrangers et une protection plus efficace pour notre pavillon.

La production moyenne du sucre, en 1838 et 1839, s'est élevée, dans l'île de Cuba seule, à 3,681,342 quintaux; ce qui excède celle de toutes les colonies anglaises des Indes-Occidentales et Maurice réunies; celle du café à 49,840,000 livres. La valeur totale des exportations dépasse aujourd'hui la somme de 50 millions de dollars.

A Porto-Ricco, la récolte du sucre est évaluée maintenant à 1,000,000 de quintaux ou 100,000 boucauts de la colonie; en 1808, cette île n'exportait que 1,428 quintaux de sucre, et quelques années auparavant elle était même obligée d'en tirer du dehors pour sa consommation.

En 1808, le Brésil n'avait exporté que 400,000 quintaux de sucre, et 24,000,000 de livres de café, tandis qu'il a exporté, en 1837, 2,400,000 quintaux de sucre, et 135,000,000 de livres de café.

Le tableau suivant démontre la progression ascendante suivie depuis dix ans par la production du sucre dans les Indes-Orientales anglaises :

1832	4,481,600 kil.
1833	5,673,700
1834	3,890,611
1835	5,145,588
1836	7,730,189
1837	15,063,360
1838	21,777,206
1839	26,351,012
1840	24,318,412
1841	57,851,064

Cette production a marché plus rapidement encore, s'il est possible, dans les Indes-Orientales hollandaises. En même temps, le sucre indigène se naturalise dans toute l'Europe, et en France il envahit progressivement le marché extérieur. En butte à cette double concurrence, nos colonies voient leur position, depuis longtemps précaire et misérable, s'aggraver de jour en jour. Il devient donc indispensable de les préparer de longue main à une révolution qui leur serait mortelle, si elle s'accomplissait brusquement.

Les réclamations de nos colonies sont justes, et l'on peut raisonnablement les accueillir; mais il dépend des colons d'assurer à la métropole, dans un avenir prochain, une compensation suffisante en écartant d'une main ferme tous les obstacles qui s'opposent à leur régénération économique et sociale.

Or, maintenir l'esclavage dans les conditions présentes, sans but, sans plan, sans projet, uniquement pour gagner du temps, c'est anéantir toute chance de progrès, c'est perpétuer la routine et consolider l'inertie. La métropole peut bien soulager pour un temps la misère des colons, mais elle ne peut le faire éternellement. Attendre est sagesse, lorsque l'attente doit conduire à un résultat; mais attendre par pure insouciance, faute d'avoir assez de bon sens et de courage pour se mettre immédiatement à l'œuvre, c'est sans contredit le pire de tous les partis.

Du reste, nous ne sommes nullement de l'avis de ceux qui prétendent qu'en renonçant, après deux siècles, au régime de l'esclavage, les colons n'auront point à fermer tout ou partie de leurs ateliers, à retirer leurs capitaux engagés, à chercher fortune dans de nouvelles entreprises.

L'émancipation, disent-ils encore, n'aura pour effet ni d'intervertir ni d'interrompre le cours des exploitations coloniales. Elle n'imposera personnellement aux colons qu'une seule obligation, celle de payer leurs ouvriers. Jusqu'à présent, les noirs ont été leurs noirs, le travail des noirs a été leur propriété;

désormais les noirs s'appartiendront à eux-mêmes; il faudra acheter leur travail à prix débattu. Mais, en ce qui concerne l'ordre des travaux, l'aménagement des cultures et des fabriques, tout marchera comme de coutume, sauf à suivre d'un peu plus près les progrès généraux de l'industrie, etc., etc., etc.

En vérité ces raisonnements seraient de toute justesse si nos colonies étaient situées dans un de nos quatre-vingt-six départements. Mais pour se laisser convaincre par ces utopies, il faut ignorer complétement que les nègres sont les hommes les plus apathiques de la terre, et que le sommeil est pour eux le suprême bonheur. Pour le travail, pour le courage, pour l'activité, un blanc vaut dix nègres, on le sait; et comment croire qu'avec de pareils hommes l'émancipation n'aura pour effet ni d'intervertir ni d'interrompre le cours des exploitations coloniales?

Le 14 mai 1844, le gouvernement français a présenté à la chambre des pairs un projet de loi tendant à modifier les articles 2 et 3 de la loi du 24 avril 1833, qui régit les colonies françaises. Une commission, composée d'hommes éminents, fut chargée d'examiner ce projet, et son rapporteur, M. Mérilhou, présenta son travail le 3 juillet suivant.

Dans l'intervalle, les personnes qui s'occupent de nos intérêts coloniaux s'émurent du pouvoir discrétionnaire que le gouvernement prétendait s'attribuer en demandant à surseoir par une ordonnance à toutes les questions vitales qui se rattachent aux droits réciproques des maîtres et des esclaves. M. Petit de Baroncourt, dont la voix éloquente et ferme s'était déjà élevée contre le droit de visite, publia trois lettres adressées à M. le duc de Broglie, et qui blâmaient sévèrement le grand travail de cet homme consciencieux, je dois le dire, mais aveuglé par sa philanthropie. Nul doute, et son noble caractère en est la preuve, que M. de Broglie ne désire la justice pour tous; mais il n'en est pas moins vrai qu'il admet comme possibles des utopies impraticables.

M. Petit de Baroncourt, de son côté, se laisse peut-être entrainer trop loin par ses idées anti-abolitionistes; nous n'approuvons pas tous ses raisonnements; mais nous croyons que ses trois lettres ont éclairé la commission de la Chambre des Pairs sur la demande exhorbitante du ministre de la marine. Un autre projet, certes fort bien conçu, et propre à amener progressivement et sans secousses l'émancipation générale de la race noire, a été présenté à la Chambre des Pairs. Avant que cette grande question de l'abolition de l'esclavage ne soit complétement vidée, nous allons rappeler ici les principales dispositions de ce dernier projet.

« Après avoir parcouru, dit le savant rapporteur, les diverses matières sur lesquelles votre commission vous propose d'accorder au gouvernement les délégations qu'il demande, nous allons nous expliquer sur celles que la commission croit qu'il convient de régler par voie législative.

« C'est 1° la fixation des heures de travail et de repos des esclaves;

« 2° Le pécule;

« 3° Le rachat;

« 4° Les déterminations des peines applicables aux maîtres en cas d'infraction à leurs obligations envers leurs esclaves;

« 5° La création de nouvelles justices de paix;

« 6° La composition des cours d'assises, lorsqu'elles sont appelées à connaître des crimes commis par des personnes non libres, et de ceux commis par les maîtres sur les esclaves. »

Je vais rapporter ici les raisonnements de M. Mérilhou sur les deux questions que je considère comme les bases fondamentales de cette nouvelle loi : je veux parler du pécule et du rachat.

« Le pécule et le rachat ne sont pas mentionnés dans la loi du 24 avril 1833 ; cette loi ne contient pas même la plus légère allusion à cet égard. Quoique les divers organes de l'opinion publique s'en soient souvent préoccupés, il n'en reste pas moins vrai que le projet qui vous est soumis est le premier acte du gouvernement qui ait fait sur cette matière une proposition formelle à la législature.

« La proposition du pécule, même séparée de celle du rachat, est, il faut le reconnaître, le renversement direct et formel de l'article 28 du Code noir, qui déclare que tout ce que l'esclave possédait appartenait à son maître. L'esclave était lui-même une chose ; il ne pouvait rien acquérir, recevoir, posséder ni transmettre.

« Toutefois, ce n'est pas brusquement et sans transition que le gouvernement vous propose d'organiser pour l'esclave un état diamétralement opposé. Un usage constant et général a abrogé la disposition du Code noir qui refuse à l'esclave tout droit de propriété, comme celle qui interdit à l'esclave l'abandon d'un jour de travail pour remplacer les prestations alimentaires. A côté de la propriété que la loi reconnaît et garantit dans les personnes libres, il s'est formé dans les mains des personnes non libres une autre sorte de propriété qui n'est pas garantie par les lois écrites, mais par les mœurs, par l'assentiment général de toutes les classes de la population coloniale : c'est le pécule, c'est-à-dire, les économies que l'esclave accumule, soit par des dons, soit par l'exercice d'une industrie que le maître tolère, et dont souvent il lui fournit les matières premières, soit par les produits des jours de travail ou des cultures que le maître lui abandonne. L'esclave transmet ce pécule à ses

enfants; il en dispose librement. La générosité du maître qui
tolère cette transmission était libre et spontanée dans l'origine,
mais elle ne l'est plus aujourd'hui. Aucun maître, quelles que
soient ses nécessités domestiques, n'oserait toucher au pécule
de son esclave; celui qui le ferait serait déshonoré aux yeux de
la société coloniale tout entière. C'est ce que des témoignages
formels nous autorisent à affirmer.

« Lorsque des institutions pures et nobles dans leur origine,
et utiles dans leurs résultats, se sont formées par la force du
temps à côté des lois; lorsque leur destruction est impossible,
lorsque personne, d'ailleurs, ne la réclame et ne la désire, le
législateur doit s'en emparer, les couvrir de sa sanction puis-
sante, et diriger leurs efforts vers le grand but qu'il se propose,
l'amélioration progressive du sort de la famille humaine. Il ne
s'agit pas pour nous de créer un fait, il s'agit de l'accepter et de
le régulariser : c'est ce que nous vous proposons de faire pour
le remplacement conventionnel de l'obligation de fournir des
aliments, et pour le pécule. Nous prenons à cet égard les faits
existants, nous les formulons en articles de lois; rien de plus,
rien de moins.

« Le pécule légal existe dans les colonies espagnoles avec les
caractères que nous vous proposons de lui donner; il y existe
depuis les premiers temps de la prospérité de ces établissements.
Il existe dans les colonies danoises, depuis 1834; il existait chez
les peuples de l'antiquité, et tempérait les rigueurs de l'esclavage le plus complet et le plus absolu dont l'histoire ait conservé
le souvenir.

« Dans les lois romaines, le pécule de l'esclave vis-à-vis du
maître, et celui du fils vis-à-vis du père de famille, étaient
fondés sur les mêmes principes et avaient les mêmes caractères.

« On a objecté que l'établissement du pécule légal pourrait

exciter l'esclave à l'augmenter par des moyens illégitimes, dont la confiance forcée du maître lui rendait l'usage facile. La réponse à cette objection se trouve dans la précaution dont nous vous proposons d'entourer la création du pécule. Tandis que dans le droit commun, en fait de meubles, la possession vaut titre, et que la bonne foi du possesseur est toujours présumée jusqu'à preuve contraire; dans la constitution du pécule, nous mettons à la charge de l'esclave la preuve de la légitimité de l'origine des objets qui le composent.

« Cette différence capitale nous a paru offrir au maître des garanties suffisantes, que complète et augmente encore la pénalité grave dont la loi tient la menace sans cesse suspendue sur la tête de l'esclave.

« La nécessité de la preuve de la légitimité de l'origine des objets qui composent le pécule ne doit pas être entendue dans ce sens, qu'une preuve écrite doive être rapportée par l'esclave pour chacun des objets mobiliers dont il est le possesseur. Il est évident qu'aucun genre de preuve n'est déterminé péremptoire par la loi, qui s'en rapporte à la conscience des magistrats et aux règles du droit commun pour l'appréciation de la nature et de la puissance des preuves qui seront produites par l'esclave.

« Quelques personnes ont paru craindre que la disposition législative, qui donnera au pécule le caractère d'une propriété légale, froisse les sentiments des maîtres, et les détourne d'accorder au droit rigoureux ce qu'ils ont jusqu'ici concédé largement à une simple bienveillance. Cette crainte ne saurait être admise par ceux qui rendent justice au caractère généreux de nos compatriotes d'outre-mer. Il est impossible qu'ils cherchent à faire tourner contre de malheureux esclaves des garanties nouvelles que le législateur a voulu leur donner.

« En conférant à la propriété de l'esclave sur son pécule le caractère légal qui lui manquait, nous n'avons pas méconnu que l'esclave ne saurait avoir la capacité nécessaire pour défendre ses droits et pour ester en justice à cet effet. Nous avons cru devoir l'assimiler au mineur émancipé, et conférer au maître le caractère de son curateur, à moins que le juge royal, appréciant la nécessité des circonstances, ne croie utile de lui en nommer un autre. En ce cas, le juge royal fera lui-même cette nomination, et exercera ainsi une attribution qui appartient au conseil de famille, dans les cas ordinaires d'émancipation, d'après l'article 479 du Code civil.

« Le projet de loi vous proposait d'autoriser le gouvernement à régler par ordonnance le rachat de l'esclave par lui-même. Nous croyons, au contraire, que cette matière est essentiellement de la compétence de l'autorité législative. Nous devons soumettre à la sagesse de la Chambre les motifs qui ont déterminé votre commission à vous proposer elle-même à cet égard les dispositions qui vous sont soumises, au lieu de se borner à refuser purement et simplement la délégation de pouvoirs que le gouvernement réclame.

« Sur les propositions du gouvernement, il y avait quatre partis à prendre :

« 1° Refuser la délégation demandée ;

« 2° Accorder la délégation ;

« 3° Proposer à la Chambre une mesure autre que le rachat ;

« 4° Proposer à la Chambre d'autoriser elle-même le rachat, en déterminant les conditions qu'elle croirait propres à prévenir les inconvénients qui pourraient en être la conséquence.

« C'est ce dernier parti que nous avons cru devoir prendre ; car, pour refuser la délégation, il fallait reconnaître la convenance et l'utilité du maintien indéfini de l'état actuel de l'esclavage : en accordant la délégation, la Chambre eût abdiqué son droit de décision sur le principe et le mode d'exécution de la mesure; enfin, pour proposer à la Chambre une mesure autre que le rachat, il aurait fallu trouver une combinaison moins hostile à des droits actuels, plus favorable au maintien de la paix publique, et à la prospérité agricole et commerciale de nos établissements coloniaux. Or, c'est ce que votre commission n'a pu trouver.

« Nous n'entrerons pas ici dans l'examen de l'esclavage au point de vue philosophique ou chrétien; c'est une question qu'il serait inutile de discuter ici; elle est d'ailleurs épuisée depuis long-temps; personne ne songe à faire la justification théorique de l'esclavage; personne ne nie que l'amélioration du sort de la race esclave ne soit un devoir pressant et sacré pour tous ceux à qui la Providence a départi la puissance nécessaire à cet effet. Les propriétaires de nos colonies ont prouvé et prouvent chaque jour qu'ils comprennent ce devoir et qu'ils savent le pratiquer.

« Aujourd'hui les rapports des nations civilisées sont tellement unis et mêlés, qu'il est impossible que les améliorations sociales, les mouvements industriels qui se produisent dans certains pays, n'aient pas une influence sur les pays voisins, en raison directe du poids que la puissance de chaque peuple doit peser dans la balance générale de la politique.

« L'importation de la race noire et sa réduction à l'état d'esclavage dans tous les pays de l'Amérique, fut un fait commun, à peu près dans le même temps, à toutes les nations européennes qui fondèrent des établissements dans le Nouveau-Monde. La destruction des races indigènes, l'importation et l'esclavage de la race africaine, et la dégradation héréditaire des races intermédiaires, tels furent, avec une triste uniformité, les traits dominants de cette période, qui ne fut pas sans grandeur, mais qui mit en pratique, dans le Nouveau-Monde et sur les côtes l'abus de la force, le mépris de l'humanité, et un droit des gens que l'Évangile avait condamné. Ces crimes de nos pères, ils en avaient trouvé eux-mêmes l'exemple dans les souvenirs des générations qui les avaient précédés. L'esclavage se retrouve dans toutes les périodes de l'histoire du genre humain ; il a souillé les époques les plus civilisées comme les plus sauvages, et les nations aujourd'hui les plus libres du monde comptent à la fois dans leurs aïeux des esclaves et des maîtres.

« Aujourd'hui, l'état de l'esclavage est un fait social dont il faut apprécier l'avenir, non sur l'étroite superficie des colonies françaises, mais dans l'ensemble des territoires possédés par des états européens ou par les descendants des races européennes. L'Angleterre a émancipé ses esclaves dans ses colonies, semées sur tous les points de l'Amérique. Une population noire ou mêlée se gouverne elle-même à Haïti depuis quarante ans, et offre au reste de l'Amérique un exemple dont on ne sent pas assez les conséquences. Les États-Unis, qui depuis longtemps ont interdit la traite, trouvent dans le maintien de l'esclavage une cause toujours subsistante de divisions intestines ; les états à esclaves et ceux qui n'en ont pas forment deux partis opposés dans le sein de l'Union.

Dans les territoires autrefois espagnols, l'esclavage s'éteint partout où il n'a pas été violemment aboli. Le Brésil conserve encore la traite et l'esclavage dans les formes primitives des temps de la découverte. L'Espagne accumule à la Havane des esclaves de traite, hors de proportion avec la population blanche locale, et avec les moyens d'ordre dont la métropole peut disposer. Ainsi se réunissent des matériaux combustibles qui, s'ils venaient à s'enflammer dans ce centre d'une immense population noire, pourraient mettre en danger tout le reste des Antilles.

« La conséquence à tirer de ces faits, c'est que, dans l'intérêt de la population libre de nos colonies, autant que dans un devoir d'humanité, il faut travailler avec autant d'efficacité que de prudence à améliorer le sort de la race esclave, et à assurer à chacun des individus qui la composent l'expectative de la liberté, en proportion des efforts qu'il fera pour se montrer capable d'en jouir. Une guerre maritime peut survenir; si le sort des armes faisait tomber nos colonies dans les mains d'une puissance qui ne reconnût pas l'esclavage dans ses propres domaines, quelle protection pourraient en attendre les maîtres français pendant la durée possible d'une occupation étrangère?

« Ainsi la prudence commande de mettre à profit les temps paisibles pour combiner avec maturité, en faveur de la race noire, des moyens d'amélioration qui concilient ce qu'on doit à l'humanité et au respect des droits acquis.

« Le principe du rachat a paru à votre commission présenter tous ces caractères.

« D'abord, il est pour l'esclave un encouragement au travail et à l'économie : par là, celui-ci aura l'espérance d'obtenir pour récompense sa liberté et celle de ses proches. D'un autre côté, le maître aura une juste indemnité de la valeur que la propriété de l'esclave représentait entre ses mains. Les colonies auront une garantie que le bienfait de la liberté ne sera accordé qu'à des hommes laborieux et paisibles, capables de pourvoir à leurs besoins et à ceux de leurs femmes et de leurs enfants.

« Une émancipation générale et simultanée jetterait tout-à-coup une population immense dans les dangers de l'oisiveté, et frapperait subitement les sources de la production.

« Une émancipation graduelle et progressive n'amènera à la liberté que des hommes préparés pour cette grande transformation, et laissera le prix du travail sous la concurrence que détruirait une mesure générale.

« Il y avait un inconvénient auquel il fallait pourvoir : c'était
la désorganisation subite des ateliers par le rachat qu'opéreraient
les esclaves les plus forts, les plus laborieux, les plus intelli-
gents. Nous proposons d'établir entre le rachat consommé et la
liberté un temps intermédiaire de cinq ans, pendant lesquels
l'esclave racheté sera tenu de rester au service de son maître
d'après des conditions de salaire fixées, pour chaque cas particulier, par une commission spéciale dont nous allons parler
tout-à-l'heure. Ainsi, pour le maître et l'esclave la transition
de la servitude à la liberté sera lente, mais sûre et paisible.

« La fixation du prix de rachat est un point d'une grande
importance : si l'indemnité due au maître pour la perte de son
esclave était trop élevée, la faculté de rachat serait illusoire,
puisque l'esclave ne pourrait y atteindre; si elle était trop
faible, le maître subirait une véritable spoliation.

« Nous proposons à la Chambre de confier cette fixation à une
commission analogue à la composition du jury appelé en France
à statuer dans les cas d'expropriation pour cause d'utilité publique. Cette commission serait composée, dans chaque colonie,
du président à la Cour royale, de deux conseillers à la même
cour, tirés au sort tous les ans par cette cour, et de deux mem-
bres du conseil colonial, tirés également au sort chaque année
par ce conseil. Cette commission serait appelée à fixer le prix
du rachat, dans le cas où l'esclave et le maître ne s'entendraient
pas à cet égard; et elle fixerait les conditions de salaire, moyennant lesquelles l'esclave serait tenu de rester au service de son
maître pendant les cinq ans qui suivraient le rachat. Cette
situation nouvelle différera de l'esclavage en ce que les infrac-
tions de l'affranchi à ses devoirs, envers son ancien maître,
n'auront d'autres conséquences que celles qu'entraîne la violation
des obligations ordinaires.

« Enfin, tout en faisant cesser par le rachat la dépendance de l'esclave vis-à-vis du maître, nous avons cru qu'il était impossible de les considérer comme s'ils avaient toujours été complétement étrangers l'un à l'autre. Sans adopter à cet égard toutes les dispositions du Code noir, il a paru à votre commission que le législateur devait au maître, qui a cessé de l'être, une protection spéciale contre des ressentiments qui s'attachent quelquefois à la puissance qui n'est plus. Aussi nous proposons de décider que les crimes et délits de l'esclave affranchi envers son ancien maître seront punis d'une peine qui ne pourra être moindre du double du minimum.

« Tel est, messieurs, l'ensemble des mesures par lesquelles votre commission a cru qu'on pouvait organiser le rachat, de manière à ouvrir à l'esclave un accès légal à la liberté, indépendant de la volonté de son maître.

« Les changements que nous proposons dans l'état colonial sont graves et profonds, ajoute en terminant M. Mérilhou.

« Le travail de l'esclavage réglé par la loi, les droits de famille, les droits de propriété, la faculté de se racheter à prix d'argent, l'instruction religieuse assurée, sont des bienfaits dont on peut aujourd'hui méconnaître l'importance, mais dont l'avenir développera les résultats.

« D'un autre côté, des intérêts d'une nature différente ne peuvent que gagner en sécurité par toutes les mesures qui rendront plus paisible et plus heureuse la classe des personnes non libres. Le projet de loi est honorable pour la classe des maîtres, car il n'a fait que consacrer les usages établis par leur humanité. On avait prophétisé la chute des colonies quand la traite a été abolie, et il est résulté de cette mesure une augmentation progressive dans la population noire. La loi sur l'état des affranchis avait excité aussi bien des alarmes que l'événement a démenties. Nous avons la conviction que les mesures que nous soumettons aujourd'hui à la Chambre amélioreront immédiatement le sort des esclaves, amèneront à la liberté ceux qui sont dignes de l'obtenir et capables de la supporter, et augmenteront la sécurité générale des colonies. »

C'est ainsi que se termine le rapport du docte Pair, rapport que le défaut d'espace m'empêche de reproduire en entier; j'en accepte, en partie seulement, les conclusions. Je crois en effet qu'il est inique de laisser l'esclave racheté, attaché au service de son maitre pendant cinq années encore; car souvent un esclave se fait racheter précisément pour ne pas servir le même maitre, et cela pour des motifs que l'on comprendra facilement.

Pourquoi ne pas permettre à l'esclave, comme cela a lieu dans les colonies espagnoles, de se faire racheter par une tierce personne, de gré à gré, ou d'après le taux fixé par le jury institué à cet effet?

Je crois donc que les deux dispositions suivantes pourraient facilement entrer dans la nouvelle loi. D'abord réduire à deux ans l'apprentissage de l'esclave à la liberté, et ensuite admettre le droit de rachat par un 'iers, droit qui doit être aussi légal que celui que la nouvelle loi accorde à l'esclave marié de se réunir à sa femme.

Nous n'entrerons point dans la discussion des autres plans qui ont été proposés pour l'émancipation des noirs. Voici celui auquel nous ont amené nos réflexions, et que nous croyons propre à satisfaire à la fois aux intérêts des colons et à la cause de l'humanité. Nous proposerions la liberté dans cinq ans pour les enfants à naitre. Dans le cas où le père ou la mère du petit noir, né libre, ne pourraient nourrir leur enfant, celui-ci resterait nourri et devrait son travail jusqu'à l'âge de quinze ans; mais depuis l'âge de dix ans, il recevrait un salaire porportionné aux services qu'il pourrait rendre. Ce salaire lui servirait de pécule lorsqu'il atteindrait l'âge de liberté.

Le gouvernement pourrait aussi consacrer chaque année une somme à l'affranchissement des esclaves qui auraient mérité cette faveur par leur bonne conduite, et qui dès lors seraient assurés de pouvoir vivre par leur travail.

Dès à présent, l'esclave pourrait se racheter ou se faire racheter au moyen du pécule amassé de la manière suivante. D'abord le maître lui accorderait deux jours de travail libre; il pourrait ensuite lui donner la faculté de travailler hors de son habitation, moyennant un salaire qui serait déterminé par un jury spécial. Des caisses d'épargne seraient instituées pour faire fructifier le pécule de l'esclave. De cette façon, l'émancipation s'opérerait sans secousse, sans trouble; car l'on n'émanciperait que des individus capables de se suffire à eux-mêmes, et qui serviraient d'exemple aux autres. Bien entendu que le gouvernement se réserverait la faculté d'augmenter ou de restreindre le nombre des individus rendus à la liberté; mais ce chiffre ne pourrait jamais s'abaisser au-dessous d'un minimum fixé à l'avance. De cette façon encore, l'émancipation s'accomplirait lentement, progressivement, sans qu'on eût besoin d'avoir recours à la méthode anglaise de l'apprentissage. Ce projet, j'en suis certain, remédierait aux graves inconvénients de celui qui a été proposé par M. le duc de Broglie, d'accorder la liberté dans dix ans à la totalité des esclaves.

Même lorsqu'il aurait atteint l'âge de liberté, je voudrais que l'esclave demeurât toujours sous la surveillance de l'autorité; et que s'il ne pouvait prouver des moyens d'existence, il fût obligé de travailler, et loué dans son village pour son propre compte. Cette mesure est établie dans les colonies hollandaises des Indes-Orientales, où l'homme libre doit à l'état le tiers de son temps, soit pour la construction des routes, soit pour les cultures coloniales. Le gouvernement, en effet, ayant remplacé les anciens souverains javanais qui étaient propriétaires du sol, jouit des mêmes droits, loue les terres à l'Indien travailleur, et lui achète ses denrées à un prix déterminé.

L'habitant du Bengale ne doit-il pas aussi une partie de son temps à l'état, et ne le voyons-nous pas souvent forcé par la loi à payer ce qu'il n'a pu acquérir? Et sans chercher si loin de nous, en France, le pays civilisé par excellence, le matelot immatriculé ne doit-il pas son travail et son temps durant toute sa vie, soit comme matelot, soit comme ouvrier? et ne devons-nous pas tous à l'état sept ans de notre vie que nous passons dans la plus dure de toutes les servitudes, la servitude militaire? Pour la plupart des négrophiles, la question de l'émancipation est une guerre de mots et rien de plus; d'ailleurs, on le sait, le sentimentalisme, à propos de misères lointaines, est une de nos manies. C'est un plaisir qu'on aime à se procurer, qu'on aime d'autant plus qu'il ne coûte absolument que des paroles, et jamais philanthrope n'a été avare de cette marchandise.

Le nègre, dont l'éducation présenterait le moins de difficultés, est celui qui habite le Sud de l'Afrique, à partir de la rive gauche du Sénégal; il se trouve en grand nombre aux Antilles. Les caractères distinctifs de cette race sont des cheveux ressemblant à la laine, un nez horriblement épaté, des lèvres énormes, des jambes courbées en cerceau, l'absence de mollet, et des pieds sur lesquels le tibia vient s'emmancher presque par le milieu. Les nègres vivent dans leur pays complètement nus, et l'on n'ignore pas combien il est difficile de les assujettir à porter des vêtements. Pourvu qu'un nègre soit affublé d'un lambeau de vêtement, il se considère comme parfaitement habillé. M. Granier de Cassagnac raconte, dans son *Voyage aux Antilles*, qu'un créole de la Basse-Terre, fort amoureux d'une jeune et jolie personne, lui envoyait tous les matins à son habitation un beau bouquet de roses. Bastien, son domestique, était chargé de remettre le cadeau. Comme les nègres constituent la race la plus harangueuse de la terre, Bastien ne manquait jamais de prononcer un petit discours fort sentencieux en remettant le bouquet, et il faut attribuer à sa préoccupation oratoire l'oubli constant qu'il faisait de son pantalon et de sa chemise, car il se présentait avec une veste seulement, mais avec une veste religieusement boutonnée jusqu'au menton. La jeune personne fit présent d'une belle culotte à l'officieux orateur, mais il n'en porta pas moins les bouquets suivants dans son costume primitif.

La prohibition de la traite a jusqu'à présent plutôt nui aux nègres qu'elle ne leur a profité, car avant sa mise hors la loi, le transport des noirs s'opérait avec toutes sortes de précautions, tandis qu'aujourd'hui les négriers, réduits à dissimuler leur armement, ont leurs installations beaucoup moins commodes, et il n'est pas rare d'y voir les hommes entassés comme du bétail. Les navires destinés à la traite aujourd'hui sont généralement de fines goëlettes bien taillées pour la course, et dont la mâture est capable de porter beaucoup de toile. Vingt-cinq ou trente hommes, commandés par un capitaine éprouvé, composent l'équipage.

Quant à la cargaison à échanger contre les nègres, elle consiste invariablement en tabac, en rhum, en toiles bleues, en fusils, en poudre et en objets de quincaillerie et de verroterie.

Autrefois, l'endroit le plus fréquenté par les négriers était l'archipel des Bisagos; mais la surveillance exercée par les Anglais l'a rendu d'un abord très-difficile, et les négriers espagnols, naviguant sous pavillon portugais, se dirigent mainte-

nant le plus souvent au Sud et sur la côte Est du cap de Bonne-
Espérance, jusqu'à la côte de Mozambique.

Je dois relever ici une erreur assez commune chez nous, et
qui consiste à croire que les nègres vendus aux négriers pro-
viennent uniquement de la guerre. L'esclavage est la loi générale de l'Afrique, et c'est par la reproduction comme par la
guerre que se renouvelle la population esclave. L'Afrique, d'ailleurs, est peu agricole; on y cultive bien du maïs et quelques racines; mais les tribus vivent le plus habituellement de
la pêche, de la chasse, et dans quelques contrées exception-
nelles, du commerce des gommes, de l'ivoire et de l'huile de
palme qu'elles font avec les Européens. Il n'est pas matériellement vrai que la traite ait enlevé à l'Afrique des bras dont elle
eût besoin; car ce pays, je viens de le dire, n'est pas foncière-
ment agricole, et c'est bien à tort que les philanthropes anglais
ont parlé de sa dépopulation. En Afrique, où les tribus se font
la guerre sous le plus futile prétexte, pour une chasse, pour une
pêche, etc., etc., on verrait, avec un surcroît de population,
se renouveler des actes beaucoup plus préjudiciables à la propa-
gation de l'espèce que la traite elle-même.

Il ne faut donc pas croire les abolitionnistes qui prétendent
que la traite a augmenté les fureurs belliqueuses des populations
africaines; ce reproche a pu être vrai sur quelques points, mais il
n'en est pas moins constant que la plupart des noirs vendus pour la
traite étaient déjà esclaves avant leur embarquement. Ceci posé,
nous demanderons à l'Angleterre, qui va, dit-elle, chercher
pour ses colonies des hommes libres salariés sur la côte d'Afrique,
si elle ne fait pas la traite sous un autre nom. Ses engagés lui
doivent le prix de leur transport; ils le lui remboursent par un
certain nombre d'années de travail, nombre qui ne va pas à
moins de dix années, et qu'on ne manque jamais de prolonger

parce qu'on exige de *l'engagé* qu'il acquitte toutes les dettes que l'on a eu soin de lui faire contracter pendant son premier temps de servitude. Pour moi, je vois dans cet homme un esclave sous un nom libre.

Le peuple anglais a, du reste, parfaitement compris l'intérêt commercial de la question de l'émancipation. Il sait que l'appel des esclaves à la liberté anéantissant le travail dans nos colonies, et surtout au Brésil, ainsi que dans l'île de Cuba, forcerait l'Europe à aller chercher ses denrées tropicales dans l'Inde, qui dépérit aujourd'hui par suite du système oppressif de la compagnie. L'Inde ne peut plus produire d'objets manufacturés; elle en est inondée par la métropole, et elle a besoin de trouver un autre aliment pour ses travailleurs. C'est donc par la culture de la canne à sucre, du café, du coton, de l'indigo et des autres denrées tropicales, que l'on espère y remplacer le commerce extérieur qui se trouve annihilé par les innombrables produits des machines anglaises.

L'Angleterre veut un déplacement de travail à son profit. Peu lui importe que la Jamaïque et les autres petits îlots qu'elle possède de différents côtés deviennent des terres incultes! elle saura toujours y conserver assez de bras pour en faire des poin's militaires où ses escadres viendront se ravitailler, et d'où elle pourra surveiller les autres nations maritimes. Mais en rendant ses colonies de l'Ouest improductives par l'affranchissement des esclaves qui tendent sans cesse à retomber dans leur ancienne barbarie, elle force et veut forcer les états qui possèdent des colonies à esclaves à l'imiter. Dans un temps plus ou moins éloigné, les bras venant à y manquer, toute la culture coloniale se trouvera naturellement portée dans l'Inde, et l'Angleterre seule restera chargée des approvisionnements de l'Europe entière.

La Hollande a si bien senti la conséquence des manœuvres

de l'Angleterre, qu'elle s'occupe fort peu de sa colonie améri-
caine de Surinam ; mais qu'elle organise, avec la prudente len-
teur qui caractérise tous ses actes, la production à Java et dans
ses autres colonies de la Malaisie. Déjà son pavillon et ses manufactures y sont protégés d'une manière tout exceptionnelle, et
de façon qu'il est presque impossible aux pavillons étrangers
d'y introduire des produits d'Europe, ainsi que nous l'avons
dit en parlant des Moluques. Qu'on le sache bien, avec l'é-
mancipation faite trop brusquement, nous perdons à jamais le
travail colonial ; préparons-nous donc d'avance à une secousse
qui doit apporter la perturbation dans notre commerce maritime.

Notre commerce dépérit de jour en jour ; et en France, où
l'on ne sait ou plutôt où l'on ne veut rien approfondir, on rejette
d'une voix unanime la faute sur nos commerçants et sur nos
armateurs. Les premiers, dit-on, n'envoient que de mauvaises
marchandises ; les seconds ne savent pas faire leurs armements
à aussi bon marché que les Anglais et les Américains. C'est bien
plutôt la faute de notre législation douanière. Rien n'est fait
en faveur du commerce maritime de la France. Je ne crains pas
de le dire, nous faisons tout pour protéger les étrangers à notre
détriment ; je n'accuse pas les intentions, car, j'en suis certain,
le ministre actuel du commerce de la France, M. Cunin-Gri-
daine, désire fermement la prospérité de son pays ; mais il n'est
pas seul, il ne peut pas tout faire ! qu'il nous pardonne donc,
à nous écrivains commerciaux, qui avons été témoins des souf-
frances de nos armateurs et de nos commerçants dans les divers
pays que nous avons parcourus, à nous qui avons pu comparer
la protection accordée aux nations nos rivales par leurs gouver-
nements respectifs, qu'il nous pardonne, dis-je, de lui mettre
le doigt sur la plaie, car nous sommes convaincus qu'il fera
tous ses efforts pour la cicatriser.

Oui, notre navigation commerciale languit ou plutôt dépérit tous les jours; aucun commerce n'a contre lui autant de chances défavorables que le nôtre. Que faut-il donc faire pour lui venir en aide? Eh! mon Dieu, fort peu de choses, que je vais tâcher de résumer le plus brièvement possible :

1° Ouvrir aux navires français la navigation entre tous les pays du monde et la France;

2° Ouvrir tous les ports de France à toutes les nations du monde; mais seulement pour les produits de leur sol et de leur industrie; toute autre importation leur étant interdite;

3° Protéger par des droits différentiels toutes les importations faites sous notre pavillon, de quelque contrée qu'elles viennent;

4° Permettre, aux navires français seulement, l'introduction en France des denrées coloniales venant des pays hors d'Europe, et proportionner les droits sur lesdites marchandises à la longueur des voyages;

5° Enfin, abroger la loi du 6 mai 1841, accordant la remise du cinquième des droits sur tous les produits naturels, le sucre excepté, des pays situés au-delà des passages et des îles de la Sonde, importés par navires français, et la remplacer par la disposition suivante, que l'auteur de *Quinze ans de Voyages* a déjà demandée dans ses ouvrages :

« Accorder une remise du quart ou du tiers des droits sur tous les produits de l'Inde, la Chine, la Malaisie et la Polynésie, les sucres exceptés, introduits par navires français qui auraient fait le tour du monde, en exportant une cargaison d'une valeur égale en articles de fabrique française ou en produits du sol. »

Pour de plus amples renseignements, je renvoie le lecteur à l'ouvrage déjà cité.

Tous les marins, tous les armateurs sont d'accord sur ce

point : Que pour lutter avec les étrangers il faut être lancés comme eux dans de grandes opérations; et comme en France, il faut commencer par perdre dans les petites, les grandes ne peuvent pas être entreprises par nous. On sait aussi que nos voisins d'outre-mer et les Américains nous approvisionnent des marchandises de tous les pays; et si nos fabriques n'étaient pas mieux protégées que notre navigation, on les verrait bientôt décliner et périr.

Il faut donc pour notre commerce d'exportation de puissants établissements, réunissant de grands capitaux, tels que les *joint stocks companies* qui ont porté si haut la puissance commerciale de l'Angleterre.

Que l'on jette les regards en arrière et autour de soi, et l'on verra que les grands empires ont dû et doivent leur splendeur à leurs relations commerciales; car pour être grand, il faut être riche, et il n'y a que le commerce qui puisse enrichir une nation. La guerre peut lui faire acquérir des provinces; mais tôt ou tard elle les perd contre celui qui possède de plus grandes richesses pour soudoyer des armées nombreuses.

La question des monnaies et de la balance commerciale a été traitée dans le chapitre de *Quinze ans de Voyages*, dont nous avons déjà parlé : nous y renvoyons donc le lecteur, qui est peut-être fatigué de ces questions un peu trop sérieuses et qui pourront paraître étrangères à notre sujet; mais nous saisirons cette occasion pour lui rappeler que nous écrivons des voyages commerciaux qui le mettront à même de parcourir le monde comme nous l'avons fait autrefois, et avec plus de connaissances acquises que nous n'en avions nous-même alors.

Dans la question de l'émancipation, le gouvernement anglais n'a, du reste, ni devancé le temps, ni dirigé les événements. S'il a modifié ses opinions, c'est qu'il a eu la main forcée. Quinze ans il a résisté à l'abolition de la traite, vingt-cinq à celle de l'esclavage, et il n'a cédé qu'à la nécessité. C'est l'esprit religieux qui a joué le premier rôle dans cette grande entreprise, et c'est à lui que revient avant tout l'honneur du succès. C'est la religion qui a véritablement affranchi les noirs dans les colonies anglaises; c'est elle qui a progressivement formé dans la nation, puis dans le parlement lui-même, ce grand parti abolitionniste qui va grossissant chaque jour, s'infiltrant en quelque sorte dans tous les esprits, et entraînant le gouvernement dans sa marche. C'est ce parti qui, mettant à profit depuis quarante ans tous les événements, toutes les circonstances, a successivement, en 1807, emporté l'abolition de la traite; en 1815, inspiré par ses représentants, les déclarations du congrès de Vienne; plus tard, celles du congrès de Vérone; dicté, en 1823, la motion de M. Banton, les résolutions de M Canning, la circulaire de lord Bathurst; lancé, en 1831, sur les colonies, l'ordre du conseil du 2 novembre; rendu par là inévitable, en 1833, l'abolition de l'esclavage, et impossible, en 1838, le maintien de l'apprentissage. C'est lui qui récemment, en 1841, a concouru au renversement de la dernière administration whig, pour prévenir une réduction dans les droits sur les sucres qui pouvait compromettre le succès de l'émancipation.

C'est ce même parti qui vient, en 1844, de forcer sir Robert Peel, dont le langage est ordinairement si mesuré, à déclarer dans le parlement qu'il demanderait réparation pour la conduite outrageante tenue par nos officiers à l'égard du consul anglais à Taïti. Et pourtant sir Robert Peel sait bien toutes les menées honteuses, toutes les basses intrigues dont le missionnaire Pritchard s'est rendu coupable envers notre pavillon. Nous n'avons pas l'intention de discuter ici cette question; nous avions prédit, en parlant de notre protectorat à Taïti, ce qui nous était réservé dans cette île soumise en entier à l'influence des missionnaires méthodistes; mais nous avons cru nécessaire de rappeler la virulente sortie de Robert Peel et de la citer comme un exemple de la force et de la persévérance du parti religieux dans la Grande-Bretagne.

G. L. D.